Und nun beginnt

III. Die Übung mit dem mini LÜK – Kontrollgerät

Das Kind öffnet den Kasten und schüttet die Plättchen mit den Zahlen von 1 bis 12 in den Deckel. Darauf ergreift es irgendein Plättchen – z. B. das Plättchen Nr. 4 – und sucht das Bild mit dieser Zahl (Esel).
Es liest laut das darunterstehende Wort.
Nun sucht es rechts in der Wörterreihe dasselbe Wort (Esel). Dahinter steht die schwarze Zahl 2. Das bedeutet, daß das Kind das Plättchen Nr. 4, das es gerade in der Hand hat, auf das Feld 2 der Kontrollplatte legen soll.
Die Zahl 4 muß nach oben zeigen.
Danach wählt es die anderen Plättchen in beliebiger Reihenfolge und macht es ebenso.
Wenn alle 12 Plättchen auf den Feldern der Kontrollplatte liegen, will das Kind natürlich wissen, ob es keinen Fehler gemacht hat.
Das ist leicht zu prüfen:
Das Kind schließt den Kasten, wendet ihn geschlossen seitwärts um und öffnet ihn von der Rückseite.
Wenn jetzt das oben auf der Seite abgebildete Muster zu sehen ist, dann ist alles richtig.
Passen jedoch einige Plättchen nicht in das Muster, so hat das Kind dort Fehler gemacht. Es wendet diese Plättchen um, schließt den Kasten, legt ihn herum und öffnet ihn wieder. Die Aufgaben zu den umgewendeten Plättchen müssen noch einmal gelöst werden. Dann kontrolliert das Kind wie vorher.

Das Verfahren ist auf allen Seiten dasselbe: Die roten Zahlen vor den Bildern, Wörtern oder Buchstaben entsprechen immer den Nummern der Plättchen. Die schwarzen Zahlen hinter dem Lösungswort, -bild oder -buchstaben sagen dem Kind, auf welche Felder der Kontrollplatte es die Plättchen legen soll.

Sehr wichtig für den Erfolg dieses Lesespiels ist, daß das Kind nicht stumm übt, sondern auf jeder Seite die Wörter (später auch die Buchstaben) laut spricht.

Ebenso wichtig ist, daß Sie mit dem Kind nicht eher eine neue Seite beginnen, als es die vorige sicher beherrscht.

Und nun viel Spaß!

Wo steht dasselbe Wort?

1

Apfel

2

Baum

3
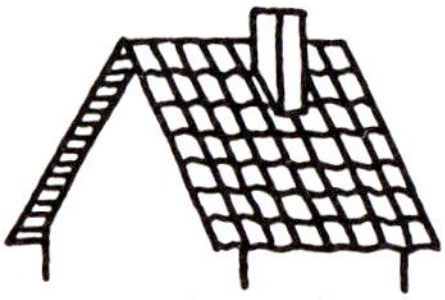
Dach

4

Esel

5

Fisch

6
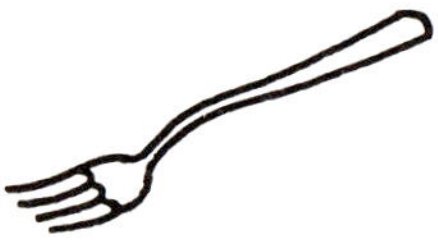
Gabel

7

Hase

8

Igel

9

Kirsche

10
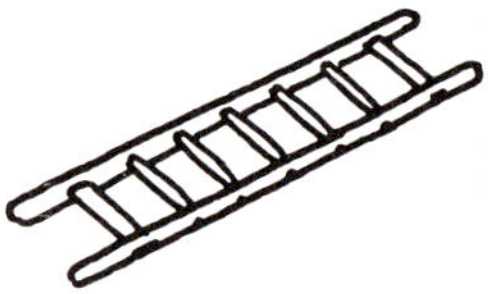
Leiter

11

Maus

12
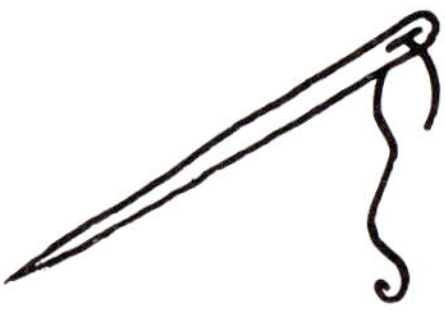
Nadel

Apfel 7

Baum 5

Dach 4

Esel 2

Fisch 10

Gabel 12

Hase 8

Igel 11

Kirsche 3

Leiter 1

Maus 9

Nadel 6

Wo steht dasselbe Wort?

1 
Ofen

2 
Puppe

3 
Rose

4 
Sonne

5 
Teller

6 
Uhr

7 
Vogel

8 
Wanne

9 
Ziege

10 
Schere

11 
Eimer

12 
Auto

Ofen	3
Puppe	1
Rose	6
Sonne	4
Teller	12
Uhr	8
Vogel	10
Wanne	7
Ziege	11
Schere	9
Eimer	5
Auto	2

Welches Wort gehört zum Bild?

1
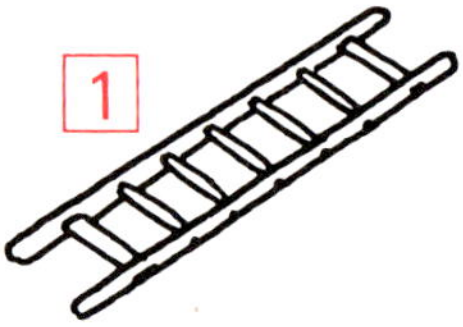

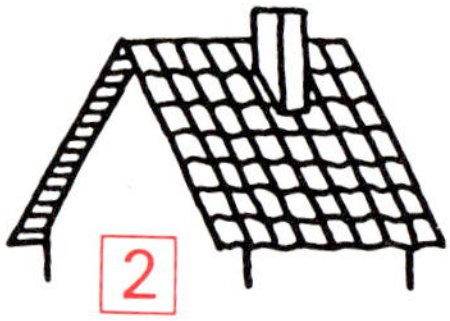
2

3

4

5
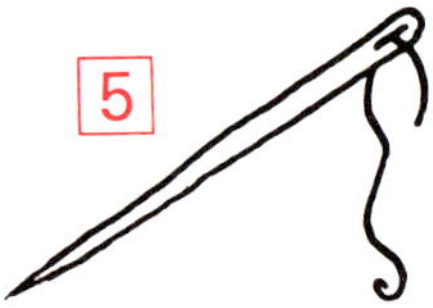

6

7

8

9

10

11
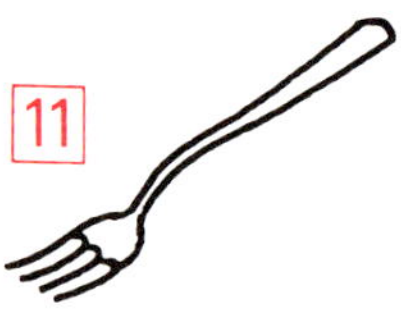

12

Apfel	8
Baum	7
Dach	1
Esel	2
Fisch	6
Gabel	3
Hase	10
Igel	12
Kirsche	9
Leiter	5
Maus	11
Nadel	4

Welches Wort gehört zum Bild?

1
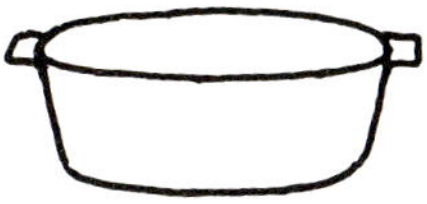

2

3

4

5

6

7

8

9

10

11

12

Ofen	8
Puppe	10
Rose	11
Sonne	9
Teller	3
Uhr	4
Vogel	6
Wanne	7
Ziege	2
Schere	12
Eimer	5
Auto	1

Welches Bild gehört zum Wort?

1 Baum

2 Leiter

3 Dach

4 Hase

5 Gabel

6 Apfel

7 Igel

8 Esel

9 Kirsche

10 Nadel

11 Fisch

12 Maus

12

2

7

9

6

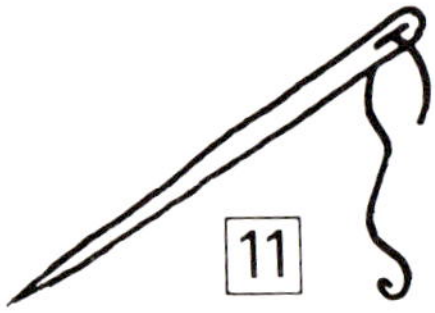

11

5

8

3

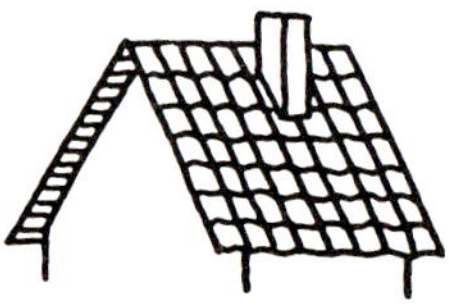

10

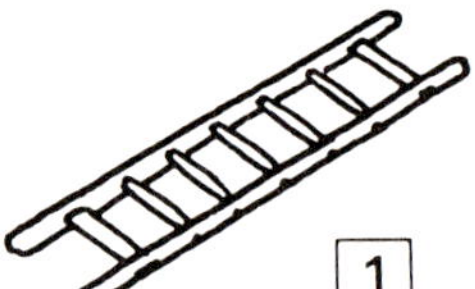

1

4

Welches Bild gehört zum Wort?

1 Sonne

2 Eimer

3 Ofen

4 Ziege

5 Uhr

6 Wanne

7 Rose

8 Auto

9 Puppe

10 Schere

11 Teller

12 Vogel

11

8

7

10

3

5

4

9

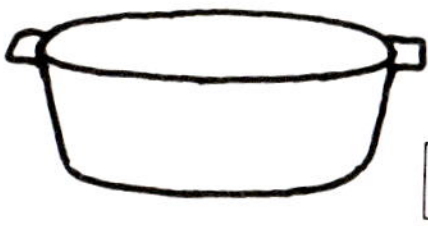
6

12

2

1

Wie fängt das Wort an?

1 

2 

3 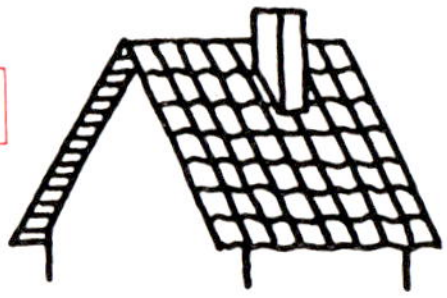

 4

5 

6 

7 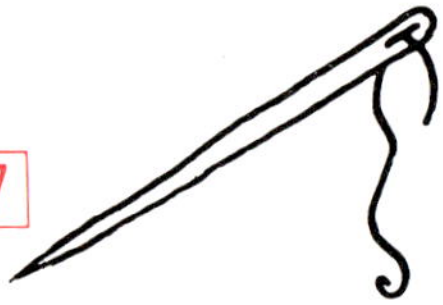

8 

9 

10 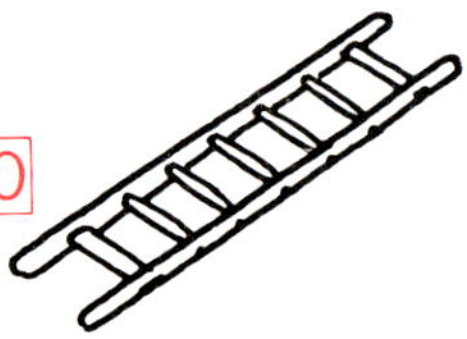

11 

12 

A 8
B 7
D 3
E 1
F 5
G 4
H 10
I 9
K 2
L 12
M 6
N 11

Wie fängt das Wort an?

1 

2 

3 

4 

5 

6 

8 

7 

9 

10 

11 

12 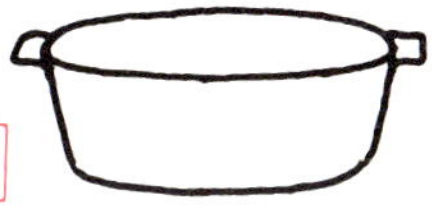

O	2
P	5
R	9
S	10
T	4
U	11
V	7
W	3
Z	8
Sch	1
Ei	12
Au	6

Welches Wort fängt so an?

1 *A*

2 *B*

3 *D*

4 *E*

5 *F*

6 *G*

7 *H*

8 *J*

9 *K*

10 *L*

11 *M*

12 *N*

7

2

8

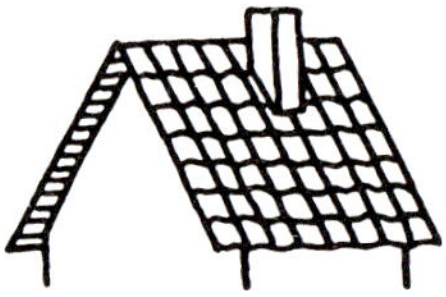
1

9

5

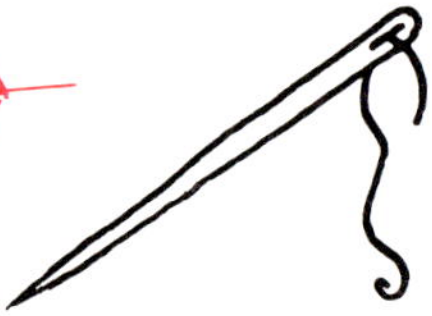
10

6

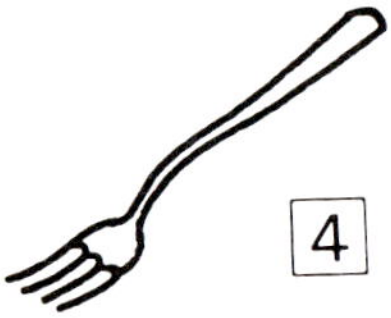
4

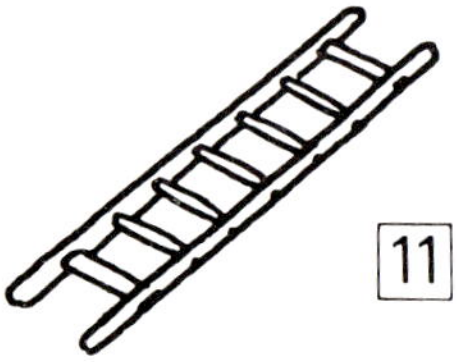
11

12

3

Welches Wort fängt so an?

1 O

2 P

3 R

4 S

5 T

6 U

7 V

8 W

9 Z

10 Sch

11 Ei

12 Au

3

8

2

12

11

9

4

7

1

10

5

6

Was fehlt hier?

1 

E ____ aus 5

2 

I ____ bel 8

3 

Ha ____ ach 3

4 

M ____ sel 6

5 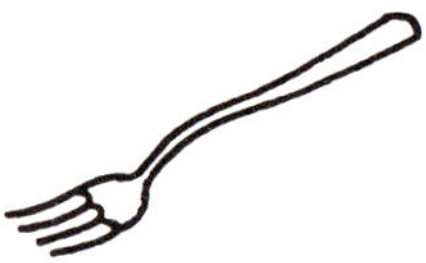

Ga ____ gel 4

6 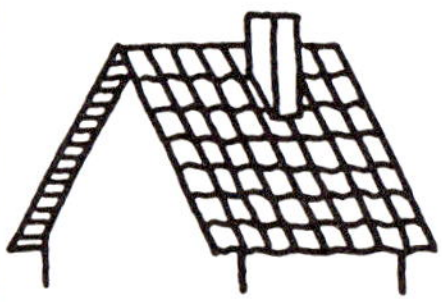

D ____ se 1

7 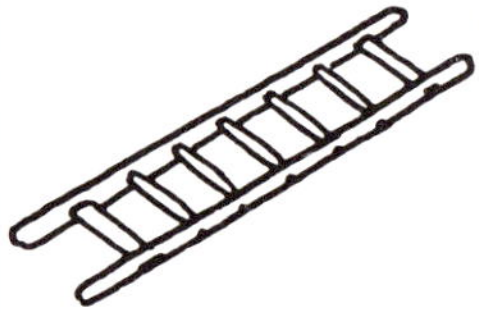

Lei ____ fel 7

8 

B ____ isch 11

9 

Kir ____ del 10

10 

F ____ aum 9

11 

Ap ____ ter 12

12 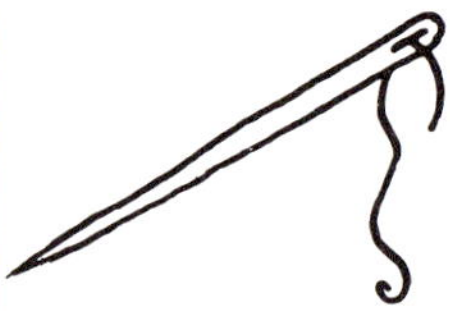

Na ____ sche 2

Was fehlt hier?

1

Son___ fen 6

2

Sche___ gel 12

3

O___ pe 2

4

Tel___ ne 9

5

Vo___ ler 4

6

Pup___ re 7

7

Ro___ hr 5

8

Zie___ anne 3

9

Au___ se 10

10
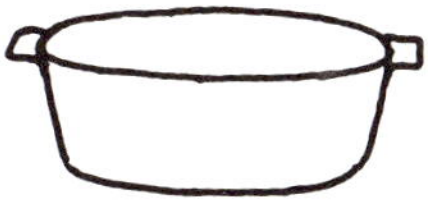
W___ mer 8

11

U___ ge 1

12

Ei___ to 11

Was fehlt hier?

1
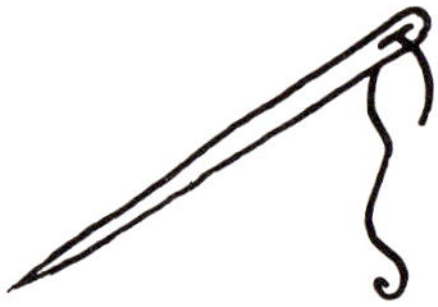
Na ___

2
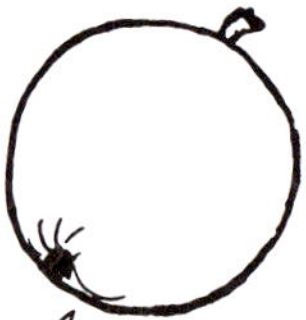
Ap ___

3
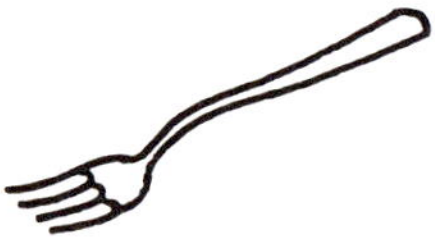
Ga ___

4

Ha ___

5

E ___

6

M ___

7

B ___

8

Kir ___

9

F ___

10

I ___

11
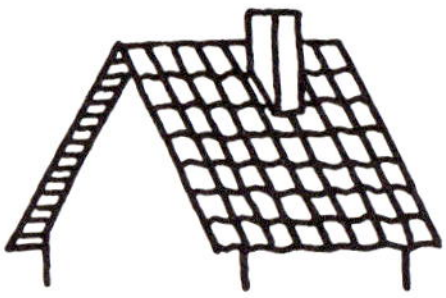
D ___

12
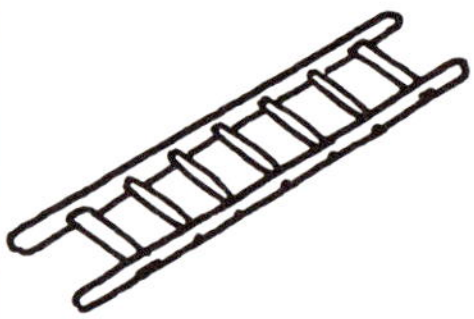
Lei ___

se	6
ach	8
bel	2
gel	12
ter	9
fel	3
aum	11
sel	7
sche	10
aus	4
isch	1
del	5

Was fehlt hier?

1 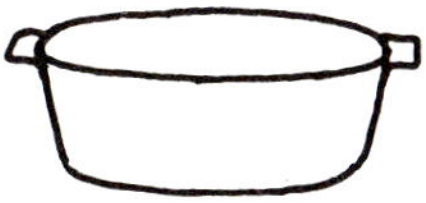
Wan___

2 
Tel___

3 
Ei___

4 
S___

5 
Zie___

6 
U___

7 
Pup___

8 
Au___

9 
O___

10 
Vo___

11 
Ro___

12 
Sche___

fen 1
hr 6
onne 9
gel 4
pe 3
ne 10
se 7
ler 5
re 12
to 11
mer 2
ge 8

Hier fehlt etwas!

1

Ap_el

l 11

2

B_m

b 7

3

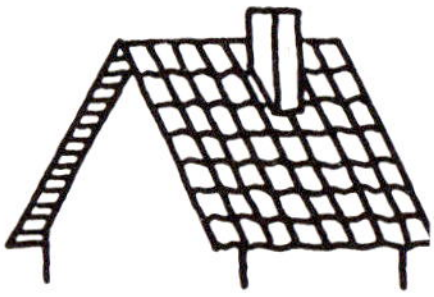

D_ch

f 12

4

Ese_

au 8

5

F_sch

a 4

6

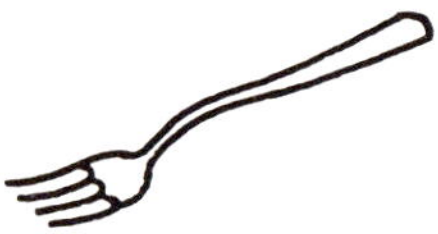

Ga_el

i 10

7

Has_

ei 6

8

I_el

d 1

9

Kir_e

g 2

10

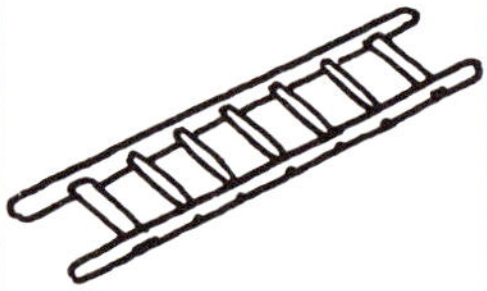

L_ter

s 9

11

Mau_

e 5

12

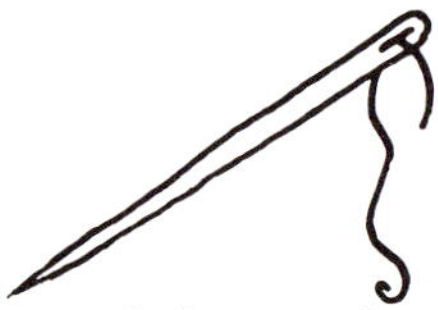

Na_el

sch 3

Hier fehlt etwas!

1 

O_en — o 5

2 

P_ppe — h 10

3 

R_se — l 11

4 

So_ne — f 2

5 

Te_ler — u 9

6 

U_r — n 1

7 

Vo_el — m 12

8 

W_nne — t 4

9 

Z_ge — g 7

10 

Sche_e — a 3

11 

Ei_er — ie 6

12 

Au_o — r 8

Hier fehlt etwas!

1
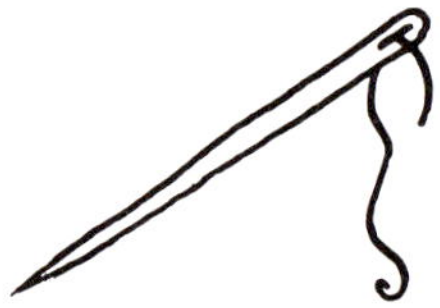
Na_el

2

H_se

3

A_fel

4

Ga_el

5

Ige_

6

E_el

7

K_rsche

8

Bau_

9

Fi___

10
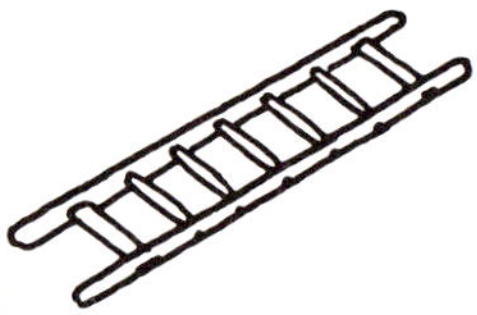
Lei_er

11
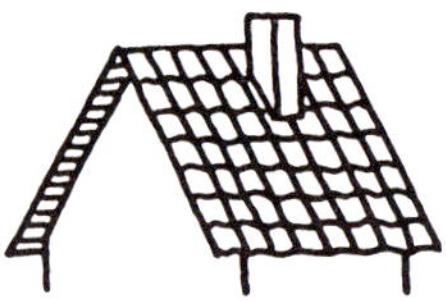
Da__

12

M__s

a	5
au	6
b	2
ch	3
d	7
i	8
l	4
m	11
p	10
t	1
s	12
sch	9

Hier fehlt etwas!

1 
S_nne

2 
Ei_er

3 
Ofe_

4 
Ro_e

5 
U_r

6 
Sch_re

7 
Vo_el

8 
Z_ge

9 
P_ppe

10 
Au_o

11 
Telle_

12 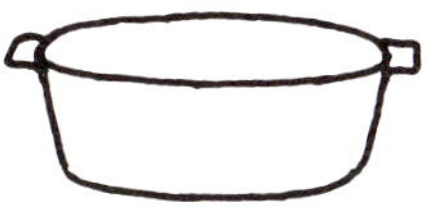
W_nne

a	2
e	8
g	12
h	10
ie	7
r	9
m	1
n	3
o	11
s	6
t	5
u	4

Setze die Wörter wieder zusammen!

1	Ap ___	sche	1	1	O ___	anne	8
2	B ___	bel	6	2	Pup ___	re	12
3	D ___	se	10	3	Ro ___	ler	10
4	E ___	aus	8	4	Son ___	fen	5
5	F ___	ter	9	5	Tel ___	mer	9
6	Ga ___	fel	4	6	U ___	pe	1
7	Ha ___	isch	7	7	Vo ___	to	7
8	T ___	aum	5	8	W ___	se	3
9	Kir ___	del	11	9	Zie ___	hr	2
10	Lei ___	ach	2	10	Sche ___	gel	11
11	M ___	sel	3	11	Ei ___	ne	6
12	Na ___	gel	12	12	Au ___	ge	4

Welcher Buchstabe fehlt hier?

1	A___fel	l	3
2	B___m	b	6
3	D___ch	p	4
4	Ese___	au	5
5	F___sch	a	2
6	Ga___el	i	8
7	Has___	ei	10
8	I___el	d	12
9	Kir___e	g	11
10	L___ter	s	7
11	Mau___	e	9
12	Na___el	sch	1

1	O___en	o	6
2	P___ppe	h	3
3	R___se	l	12
4	So___ne	f	1
5	Te___ler	u	4
6	U___r	n	2
7	Vo___el	m	11
8	W___nne	t	9
9	Z___ge	g	8
10	Sche___e	a	10
11	Ei___er	ie	5
12	Au___o	r	7

Welches Wort fängt auch so an?

1 Apfel

2 Baum

3 Dach

4 Esel

5 Fisch

6 Gabel

7 Hase

8 Kirsche

9 Leiter

10 Maus

11 Nadel

12 Teller

5

12

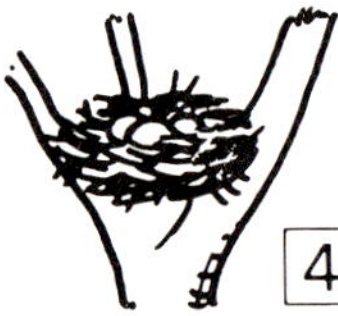
4

10

7

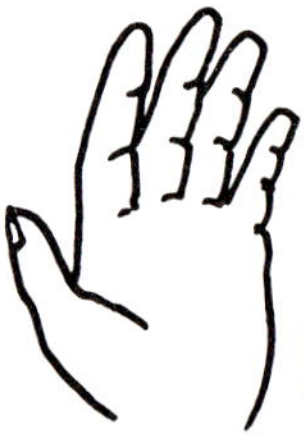
2

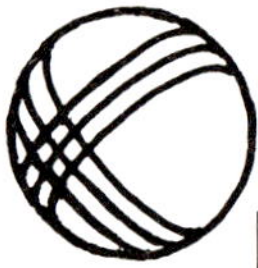
11

9

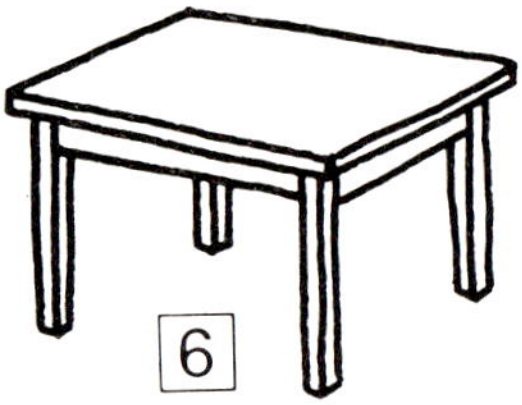
6

3

8

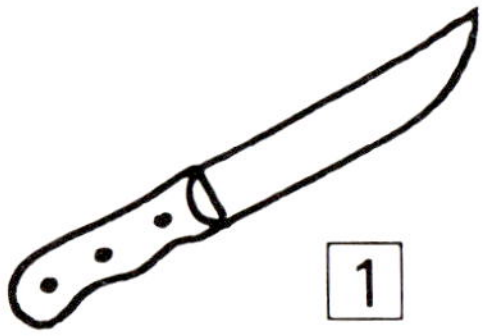
1

Welches Wort fängt auch so an?

1 Gabel

2 Maus

3 Ofen

4 Puppe

5 Rose

6 Sonne

7 Teller

8 Wanne

9 Ziege

10 Schere

11 Eimer

12 Auto

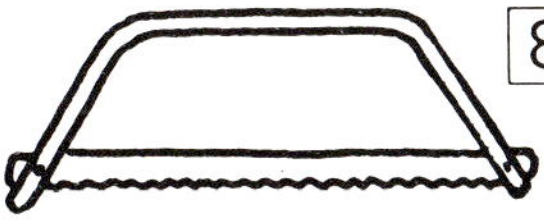
8

2

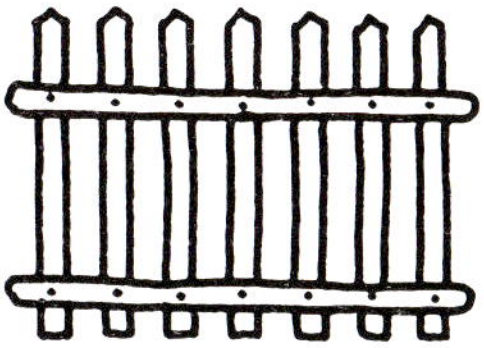
5

6

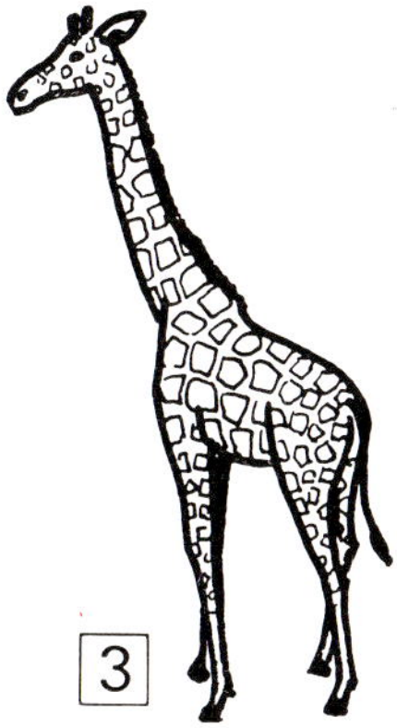
3

11

10

9

12

4

7

1

Wie fängt das Wort an?

1

2

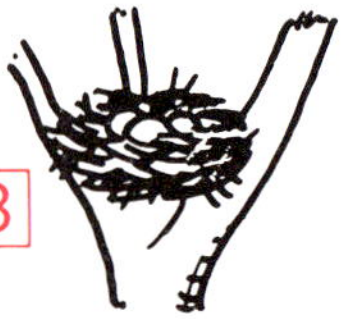

3

4

5

6

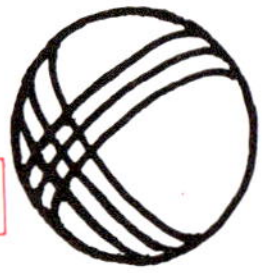

7

8

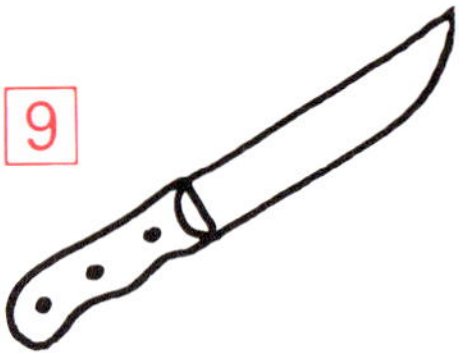

9

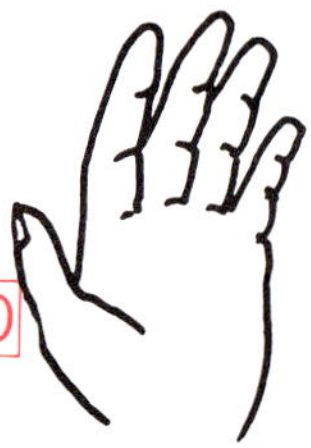

10

11

12

A	2
B	12
D	10
E	9
F	7
G	1
H	11
I	8
K	5
L	6
M	3
N	4

Wie fängt das Wort an?

1

2

3

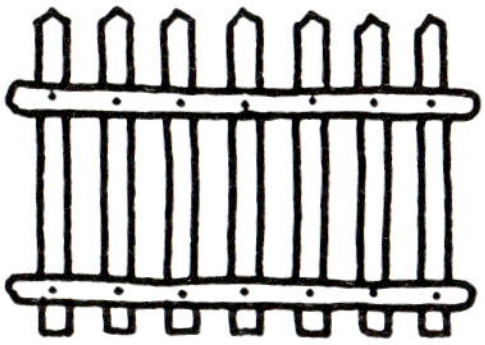

4

5

6

7

8

9

10

11

12

O	1
P	12
R	11
S	9
T	3
U	7
V	2
W	6
Z	8
Sch	5
Ei	4
Au	10

Welche Buchstaben gehören zusammen?

1	L	a	8
2	J	b	12
3	H	d	4
4	K	e	7
5	B	f	11
6	N	g	3
7	A	h	5
8	D	i	10
9	M	k	1
10	E	l	2
11	F	m	6
12	G	n	9

1	U	o	3
2	Z	p	10
3	Ei	r	5
4	R	s	11
5	O	t	12
6	Sch	u	6
7	T	v	8
8	Au	w	4
9	P	z	2
10	S	sch	1
11	W	ei	9
12	V	au	7

Welche Buchstaben gehören zusammen?

1	e	A	8
2	l	B	10
3	i	D	12
4	a	E	1
5	d	F	4
6	f	G	2
7	g	H	7
8	b	J	6
9	n	K	5
10	h	L	3
11	k	M	9
12	m	N	11

1	sch	O	8
2	w	P	10
3	u	R	11
4	z	S	7
5	v	T	2
6	o	U	6
7	ei	V	12
8	s	W	1
9	r	Z	4
10	p	Sch	3
11	au	Ei	9
12	t	Au	5

Wir zaubern neue Wörter

1 ~~S~~onne → T

2 ~~M~~aus → H

3 ~~L~~eiter → R

4 ~~R~~ose → H

5 ~~B~~aum → Sch

6 ~~D~~ach → B

7 ~~P~~uppe → S

8 ~~F~~isch → T

9 ~~T~~eller → K

10 ~~H~~ase → N

11 ~~Z~~iege → W

12 ~~W~~anne → K

3

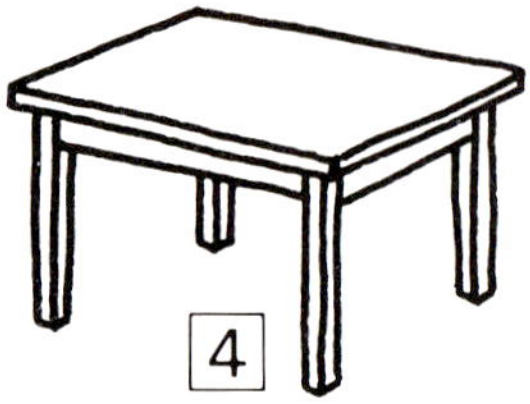
4

5

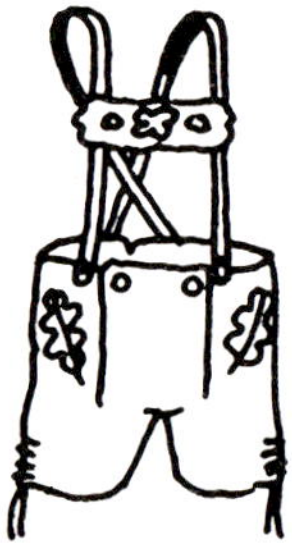
7

2

6

8

11

10

1

9

12

Wer macht so?

1 mu – mu

2 miau – miau

3 wau – wau

4 piep – piep

5 sum – sum

6 ia – ia

7 tut – tut

8 hu – hu

9 bim – bam

10 piff – paff

11 ma – ma

12 ki – ke – ri – ki

12

2

4

11

8

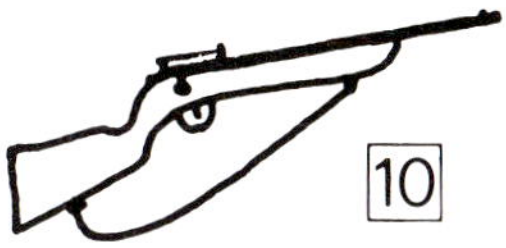

10

3

6

9

5

1

7

Kurze Wörter

1 Arm

2 Ast

3 Buch

4 Beil

5 Eis

6 Haus

7 Hut

8 Rauch

9 Tisch

10 Teich

11 Schal

12 Zaun

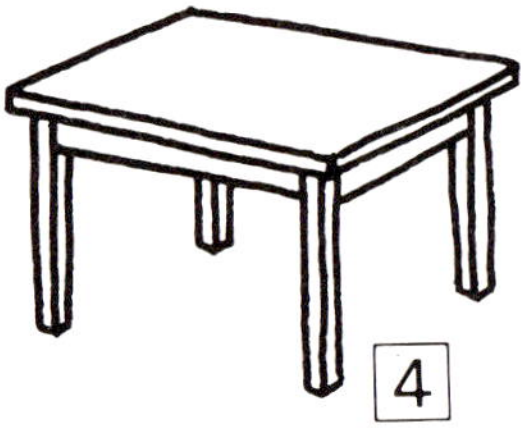

4

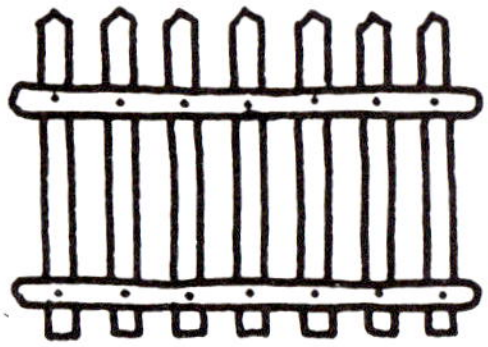

2

12

1

9

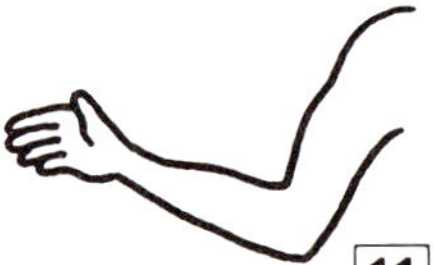

11

8

3

10

7

6

5

Noch mehr leichte Wörter

1 O ma

2 O pa

3 Na se

4 Ho se

5 Do se

6 So fa

7 Sei fe

8 Au ge

9 Ei er

10 Gei ge

11 Schu le

12 Schu he

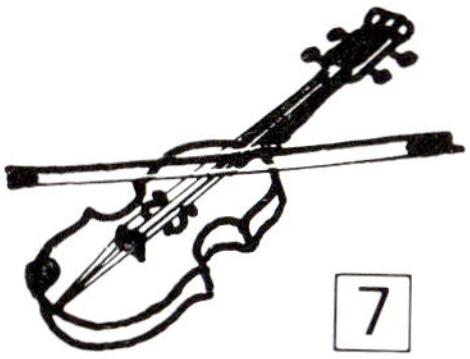

7

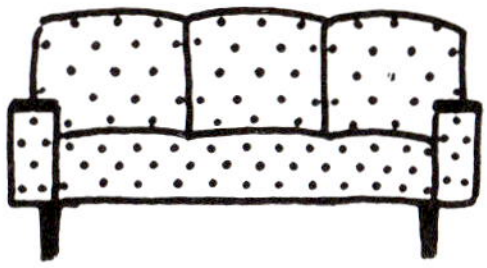

4

10

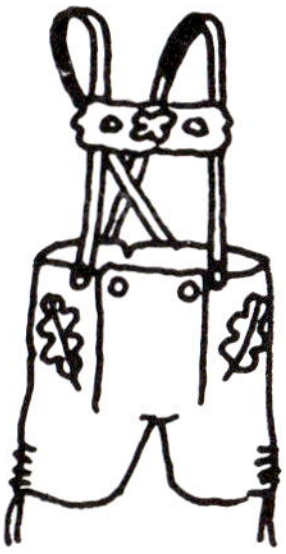

2

1

3

11

12

9

6

8

5

Lange Wörter – schnell gelesen

1 Ba na ne

2 Lo ko mo ti ve

3 Pa pa gei

4 To ma te

5 Scho ko la de

6 In di a ner

7 Ba de ho se

8 Te le fon

9 A mei se

10 Ei er scha le

11 Apfel si ne

12 Mau se fal le

12

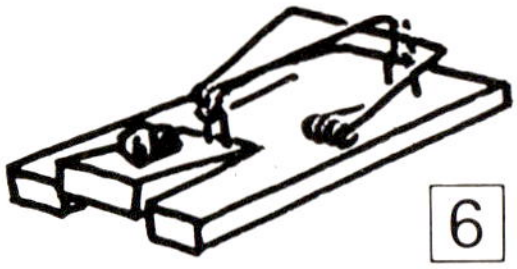
6

10

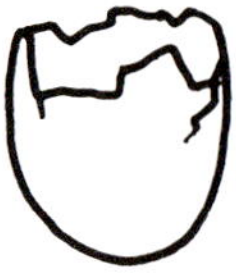
9

4

5

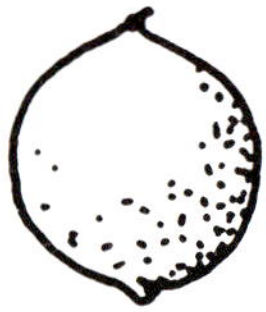
1

3

8

11

2

7